Nou Di, We Say, Nous Disons

Marie-Thérèse Labossière Thomas

PUBLISHING

Copyright © 2022, 1990 by Marie-Thérèse Labossière Thomas
Published by EduMatch®
PO Box 150324, Alexandria, VA 22315
www.edumatchpublishing.com
Original Copyright Number: TXu000439366 / 1990-10-01

These books are available at special discounts when purchased in quantities of 10 or more for use
as premiums, promotions, fundraising, and educational use. For inquiries and details, contact the
publisher: edumatchbooks@edumatchers.org

ISBN: 978-1-953852-93-9

Pou manman m ak papa m
For my parents - Pour mes parents

Acknowledgments

Many thanks to the community of readers, family, and friends whose inquiries and encouragement led to the publication of this second edition.

Sa ki nan Liv sa a/Table of Contents/Table des Matières

POU KÒMANSE

Premye rezon liv sa a ekri, se pou ede moun ki pale kreyòl, angle, ak franse pou youn kapab konprann lòt. Se pou Ayisyen ki vin chèche lavi nan lòt peyi; se pou jenn ti Ayisyen ki leve nan dyaspora epi ki pa kapab pale avèk anpil moun nan fanmi yo; se pou Ayisyen ki ta renmen kapab li ak ekri lang Kreyòl.

Pou sa fèt pi fasil, mo ki anrapò avèk menm sije oswa aktivite yo, rasanble menm kote. Se konsa *Pou di sa nou vle* vini apre *Ti Koze*. Pi lwen, ap genyen ti istwa sou moun, sou lakay, lanati, ak aktivite ki fèt chak jou. Apre chak koze sa yo, mo ki enpòtan yo pral parèt youn dèyè lòt nan yon lis vokabilè, nan menm sekans yo te ye nan istwa a. Epi tou, ap genyen anpil lòt enfòmasyon ki kapab itil chak jou.

Sèvi avèk vèsyon odyo ki mache ak liv sa a, pou fè li pi fasil pou etidye lakay ou. Gen yon ti tès apre chak chapit epi repons yo make nan paj dèyè liv la.

Nan lekòl, pwofesè ap kapab wè pi byen sa elèv yo aprann, lè yo sèvi ak mo ki nan liv la pou di pwòp bagay pa yo.

INTRODUCTION

This book is designed to help English, Creole, and French speakers read and understand each other's language. It focuses primarily on immigrant families, second or third generation youth in need to communicate with relatives, as well as Creole speakers who would like to be able to read and write the language.

Basic vocabulary words related to similar concepts or activities are grouped in categories to facilitate learning. Thus, *Sentence Builders* follow *Greetings*. Short narratives and a related vocabulary explore people, home, the environment, and everyday activities. The words are listed sequentially as they appear in the preceding text. Additional information for everyday use is also included.

Look for the accompanying audiobook version of this text to facilitate home study. A self-test follows each section, with answers provided at the end of the book.

In the classroom, instructors can further evaluate students' progress, as they make new sentences, using the words learned.

INTRODUCTION

Ce livre a été préparé en vue de favoriser la communication orale et écrite entre ceux qui parlent français, anglais et créole. Il s'adresse d'abord aux immigrants, aux jeunes élevés à l'étranger qui éprouvent des difficultés à communiquer avec des membres de leur famille, aux créolophones désireux d'apprendre à lire et à écrire cette langue.

Pour faciliter l'apprentissage, les mots se regroupent par catégories se rapportant à différents concepts ou activités. *Pour former des phrases* suit donc *Salutations.* De courts textes présentent ensuite les gens, la demeure, l'environnement et les activités de tous les jours. Suit, pour chaque catégorie, un vocabulaire de termes importants, dans l'ordre de leur utilisation. Une section de mots usuels est aussi incluse.

Pour faciliter l'étude à domicile, veuillez vous reporter à l'enregistrement audio qui accompagne ce livre. Chacune des sections est suivie d'une page de révision et les réponses se trouvent à la fin du livre.

En salle de classe, il est recommandé d'encourager les élèves à se servir des mots appris pour former eux-mêmes de nouvelles phrases.

OSIJE LANG KREYÒL

Kreyòl se youn nan 2 lang ofisyèl peyi Ayiti. Li pale tou nan Eta Lwizyann (nan peyi Etazini), nan Matinik, Gwadloup, Dominik, Zil Moris, ak nan plizyè lòt kote kolon franse te pran pou yo depi sou tan lontan. Kreyòl ki fèt sou baz franse sa yo pa fin menm jan nèt. Nan peyi kote yo pale yo ak nan anpil lòt kote nan lemonn, yo pale franse tou.

ABOUT CREOLE

Creole is one of Haiti's two official languages. It is also spoken, with some variation, in Louisiana (USA.), Martinique, Guadeloupe, Dominica, Mauritius, and in other former French colonies. The French language is used in those countries and also spoken in many other parts of the world.

AU SUJET DU CRÉOLE

Le créole est une des deux langues officielles d'Haïti. On le parle aussi, avec des variations régionales, en Louisiane (EU), à la Martinique, à la Guadeloupe, à la Dominique, à l'Île Maurice, et dans d'autres pays autrefois colonisés par les Français. Le français est aussi parlé dans la plupart de ces contrées, ainsi que dans d'autre parties du monde.

1

TI KOZE

GREETINGS

SALUTATIONS

TI KOZE

Bonjou.

Bonswa.

Bòn nwit.

Kouman w ye? / Sa k pase?

Byen mèsi. / N ap boule.

Kòm pa twò bon.

Mèsi anpil.

Deryen.

Sa m kapab fè pou ou?

Eske w kapab ede m?

Mwen pèdi chimen m.

Nou rete Wachintonn.

Tanpri pale pi dousman.

Mwen pa konprann.

Kouman moun lakay ou ye?

Mwen pral travay.

Eske w lekòl?

Se yon ka ijans.

Ou byen emab.

Kote w rete?

An nou fè zanmi.

Di tout moun bonjou.

Kenbe fèm.

Pase yon bon jounen.

GREETINGS

SALUTATIONS

Good morning.	Bonjour.
Good afternoon.	Bon après-midi.
Good evening.	Bonsoir.
Good night.	Bonne nuit.
How are you?	Comment allez-vous ?
Fine, thank you.	Bien merci.
I am not well.	Pas trop bien.
Thank you very much.	Merci beaucoup.
My pleasure. / It's okay.	Pas de quoi.
What can I do for you?	En quoi puis-je vous aider ?
Can you help me?	Pouvez-vous m'aider ?
I am lost.	Je me suis égaré.
We live in Washington.	Nous habitons à Washington.
Speak slowly please.	Parlez plus lentement.
I do not understand.	Je ne comprends pas.
How is your family?	Comment va la famille ?
I am going to work.	Je vais travailler.
Are you in school?	Allez-vous à l'école ?
It is an emergency.	C'est un cas d'urgence.
You are nice.	Vous êtes bien aimable.
Where do you live?	Où habitez-vous ?
Let's be friends.	Soyons amis.
Say hello to everybody.	Bonjour à tout le monde.
Hang in there.	Tenez bon.
Have a good day.	Bonne journée.

Ti Koze	*Greetings*	*Salutations*
SA W APRANN	SELF-TEST	RÉVISION

Kouman w di?

Bonswa. _____ _____

Mèsi. _____ _____

Deryen. _____ _____

Mwen pèdi. _____ _____

Kouman w ye? _____ _____

How do you say?

_____ Good afternoon. _____

_____ I go to school. _____

_____ Can you help me? _____

_____ Hang in there! _____

_____ Fine, thank you. _____

Comment dire ?

_____ _____ Bonjour !

_____ _____ Je vais travailler.

_____ _____ Soyons amis.

_____ _____ Où habites-tu ?

_____ _____ Bonne journée !

2

POU N DI SA N VLE

SENTENCE BUILDERS

POUR FORMER DES PHRASES

MO ITIL

Wi

Non

Bon

Move

Wo

Kout

Gwo

Piti

Anwo

Anba

Bonè

Ta

Gra

Mèg

Bèl

Lèd

Andedan

Deyò

Cho

Frèt

Lou

Lejè

Chak

Okenn

Tout

POU N DI
SA N VLE

SENTENCE
BUILDERS

POUR FORMER
DES
PHRASES

USEFUL WORDS

MOTS UTILES

Yes	Oui
No	Non
Good	Bon
Bad	Mauvais
Tall / High	Grand / Élevé
Short	Court
Big	Gros
Small	Petit
Up	En haut
Down	En bas
Early	Tôt
Late	Tard
Fat	Gras
Skinny	Maigre
Beautiful	Beau
Ugly	Vilain
Inside	En dedans
Outside	En dehors
Hot	Chaud
Cold	Froid
Heavy	Lourd
Light	Léger
Each	Chaque
None	Aucun
All	Tout

OSIJE MOUN

Mwen

Ou

Li

Non

Yo

POU N DI
SA N VLE

Pa m

Pa w / Pa ou

Pa li

Pa nou

Pa yo

SENTENCE
BUILDERS

Mwen se

Ou se / Ou ye

Li se/ Li ye

Nou se / Nou ye

Yo se / Yo ye

POUR FORMER
DES
PHRASES

Mwen gen / genyen

Ou gen / genyen

Li gen / genyen

Nou gen / genyen

Yo gen / genyen

ABOUT PEOPLE

DES GENS

I	Je
You	Tu / Vous
He / She	Il / Elle
We	Nous
They	Ils / Elles
My/Mine	Mon / Le mien
Your / Yours	Ton / Le tien
His / Her / Hers	Son / Sa / Le sien/La sienne
Our / Ours	Notre / Le ou la nôtre
Their / Theirs	Leur / Le leur (*ou* La leur) / Les leurs
I am	Je suis
You are	Tu es / Vous êtes
He is (or she is)	Il est / Elle est
We are	Nous sommes
They are	Ils sont / Elles sont
I have	J'ai
You have	Tu as / Vous avez
He has/She has	Il a / Elle a
We have	Nous avons
They have	Ils ont / Elles ont

Pou n di sa n vle	*Sentence Builders*	*Pour former des phrases*
SA W APRANN	SELF-TEST	RÉVISION

Kouman w di?

Nou   _____   _____

Gwo   _____   _____

Bèl   _____   _____

Mwen genyen   _____   _____

Li se   _____   _____

How do you say?

_____   Theirs   _____

_____   You   _____

_____   We are   _____

_____   Up   _____

_____   Short   _____

Comment dire ?

_____   _____   Lourd

_____   _____   Vous avez

_____   _____   Tôt

_____   _____   Chaud

_____   _____   Je suis

3

MOUN

PEOPLE

LES GENS

MOUN

Fi ak gason, se gran moun.

Tigason, tifi, ak tibebe se timoun.

Nou rele moun Mesye, Madam, Madmwazèl, oswa Manzè.

Papa, manman, pitit gason, pitit fi, frè, sè, grann, granpè, matant, tonton, kouzen, kouzin, tout fè yon fanmi.

Vwazinay sa yo, se zanmi.

PEOPLE

LES GENS

A woman and a man are adults.

Femme et homme sont des adultes.

Boys, girls and babies are children.

Garçonnets, fillettes et bébés sont des enfants.

We call people Mister, Mrs. Miss, or Ms.

Nous appellons les gens Monsieur, Madame ou Mademoiselle.

Father, mother, son, daughter, brother, sister, grandmother, grandfather, aunt, uncle, cousins, make a family.

Père, mère, fils, fille, frère, sœur, grand-mère, grand-père, tante, oncle, cousins constituent une famille.

Those neighbors are friends.

Ces voisins sont des amis.

MOUN

Fi

Gason

Granmoun

Tigason

Tifi

Tibebe

Timoun / Pitit

Mesye

Madanm

Madmwazèl

Manzè

Papa

Manman

Pitit gason

Pitit fi

Frè

Sè

Grann

Granpè

Matant

Tonton

Kouzen / Kouzin

Fanmi

Vwazinay

Zanmi

PEOPLE

LES GENS

Woman	Femme
Man	Homme
Adult	Adulte
Boy	Garçon
Girl	Fille
Baby	Bébé
Child	Enfant
Mister (Mr.)	Monsieur
Mrs.	Madame
Miss	Mademoiselle
Ms.	Mademoiselle / Madame
Father	Père
Mother	Mère
Son	Fils
Daughter	Fille
Brother	Frère
Sister	Sœur
Grandmother	Grand-mère
Grandfather	Grand-père
Aunt	Tante
Uncle	Oncle
Cousin	Cousin / Cousine
Family	Famille
Neighbor	Voisin / Voisine
Friend	Ami

Pou n di sa n vle	*Sentence Builders*	*Pour former des phrases*
SA W APRANN	SELF-TEST	RÉVISION

Kouman w di?

Fi   _____   _____

Frè   _____   _____

Mesye   _____   _____

Zanmi   _____   _____

Tibebe   _____   _____

How do you say?

_____   Sister   _____

_____   Grandmother   _____

_____   Son   _____

_____   Mrs.   _____

_____   Cousin   _____

Comment dire ?

_____   _____   Garçonnet

_____   _____   Voisine

_____   _____   Homme

_____   _____   Mademoiselle

_____   _____   Mère

KAY

HOMES

DEMEURES

KAY

Nan kay nou gen chanm, salon, salamanje, kwizin, ak twalèt.

Epi tou, gen mi, pòt, fenèt, plaka, planche, ak plafon.

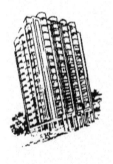

Lè moun rete nan apatman nan yon bilding, yo konn pran eskalye oswa asansè.

Anpil kay gen lakou.

Nan yon kay, moun sèvi avèk limyè, dlo, chofay, fou, frijidè, chèz, tab, ak kabann.

HOMES

In our home there is a bedroom, a living room a dining room, a kitchen and a bathroom.

Also, there are walls, doors, windows, closets, floors, and ceilings.

Those who live in an apartment in a building, sometimes use the stairs or the elevator.

Many homes have a yard.

In a home, people use electricity, water, heat, an oven, a refrigerator, chairs, tables, and beds.

DEMEURES

Chez nous il y a une chambre, un salon, une salle à manger, une cuisine et des toilettes.

Il y a aussi des murs, des portes, des fenêtres, des placards, des planchers et des plafonds.

Ceux qui vivent dans un appartement dans un immeuble prennent parfois l'escalier ou l'ascenseur.

Les maisons ont souvent une cour.

Dans une maison, on se sert d'électricité, d'eau, de chauffage, d'un four, d'un réfrigérateur, de chaises, de tables et de lits.

KAY

Chanm

Salon

Salamanje

Kwizin

Twalèt

Mi

Pòt

Fennèt

Plaka

Planche

Plafon

Eskalye

Asansè

Apatman

Bilding

Kay

Lakou

Limyè

Dlo

Chofay

Fou

Frijidè

Chèz

Tab

Kabann

HOMES

DEMEURES

Bedroom	Chambre
Living room	Salon (ou Salle de séjour)
Dining room	Salle à manger
Kitchen	Cuisine
Bathroom	Toilette
Wall	Mur
Door	Porte
Window	Fenêtre
Closet	Placard
Floor	Plancher
Ceiling	Plafond
Stairs	Escalier
Elevator	Ascenseur
Apartment	Appartement
Building	Immeuble
House	Maison
Yard	Cour
Light / Electricity	Lumière / Electricité
Water	Eau
Heat	Chauffage
Oven / Stove	Four
Refrigerator	Réfrigérateur
Chair	Chaise
Table	Table
Bed	Lit

Pou n di sa n vle	*Sentence Builders*	*Pour former des phrases*
SA W APRANN	**SELF-TEST**	**RÉVISION**

Kouman w di?

Planche	_____	_____
Dlo	_____	_____
Tab	_____	_____
Kwizin	_____	_____
Eskalye	_____	_____

How do you say?

_____	Oven	_____
_____	Yard	_____
_____	Chair	_____
_____	Closet	_____
_____	Bed	_____

Comment dire ?

_____	_____	Porte
_____	_____	Salon (ou Salle de séjour)
_____	_____	Mur
_____	_____	Chambre
_____	_____	Ascenseur

5

LANATI

NATURE

LA NATURE

LANATI

Lajounen nou wè solèy.

Lannwit nou wè lalin ak
zetwal.

Nway, van, lapli, lanèj,
laglas, loray, zeklè, gwo
lapli, ak siklòn, se move
tan.

Bon ti van soufle atè ak
sou lanmè lè fè bon.

Lè sa yo, syèl la bèl tou.

Lè a pa lou lè konsa.

Sezon flè, sezon chalè,
sezon lapli, ak sezon
fredi, se kat sezon ki
genyen nan yon ane.

NATURE

During the day, we see the sun.

At night, we see the moon and the stars.

Clouds, wind, rain, snow, ice, thunder, lightning, storms, and hurricanes are bad weather.

In nice weather, there is a breeze on land and at sea.

Then, the sky is also beautiful.

Also, there is not much humidity.

Spring, summer, fall, winter are the four seasons of the year.

LA NATURE

Le jour, nous voyons le soleil.

La nuit, nous voyons la lune et les étoiles.

Nuages, vent, pluie, neige, verglas, tonnerre, tempêtes et ouragans constituent le mauvais temps.

La brise de terre et de mer souffle quand il fait bon.

Le ciel est alors magnifique.

Il y a aussi très peu d'humidité.

Le printemps, l'été, l'automne et l'hiver sont les quatres saisons de l'année.

LANATI

Lajounen

Solèy

Lannuit

Lalin

Zetwal

Nway

Van

Lapli

Lanèj

Laglas

Loray

Zeklè

G·wo lapli

Siklòn

Bon ti van

'l'an

Tè / A tè

Lanmè

Syèl

Lè a lou

Sezon flè

Sezon chalè

Sezon lapli

Sezon fredi

Sezon

NATURE

LA NATURE

Day	Jour
Sun	Soleil
Night	Nuit
Moon	Lune
Star	Étoile
Cloud	Nuage
Wind	Vent
Rain	Pluie
Snow	Neige
Ice	Verglas
Thunder	Orage
Lightning	Èclair
Storm	Tempête
Hurricane	Ouragan
Breeze	Brise
Weather	Temps
Land / Ground	Terre / Sol
Sea	Mer
Sky	Ciel
Humidity	Humidité
Spring	Printemps
Summer	Été
Fall	Automne
Winter	Hiver
Season	Saison

Pou n di sa n vle	*Sentence Builders*	*Pour former des phrases*
SA W APRANN	**SELF-TEST**	**RÉVISION**

Kouman w di?

Lajounen

Siklòn

Sezon lapli

Lanmè

Zetwal

How do you say?

Spring

Cloud

Ground

Thunder

Night

Comment dire ?

Ciel

Hiver

Lune

Vent

Soleil

6

TRANSPÒ

TRANSPORTATION

TRANSPORT

TRANSPÒ

Transpò nou fèt nan oto,
otobis, lalyi, avyon, gwo
bato, ti bato, oswa tren.

Nou kapab pati pou yon
vwayaj, oswa fè yon ti de-
plase

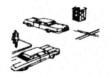

Nan lari, fòk nou mache
sou twotwa poutèt trafik.

Pasaje konnen fòk chofè
derape alè.

Limyè ak siy trafik di moun
kilè pou yo tann, kilè pou
yo rete kanpe, ak kilè pou
yo ale.

Gade polisye ki avèk siflèt
la.

TRANSPORTATION

For transportation, we use
cars, buses, taxis, planes,
ships, boats, or trains.

We can leave for a trip, or go
for a ride.

On the street, we should walk
on the sidewalk, because of
the traffic.

Passengers know that the dri-
ver must leave on time.

Traffic lights and signals
tell when to wait, when to
stop, and when to go.

Look at the police officer
with the whistle.

TRANSPORT

Pour le tranport, on se sert de
voiture, d'autobus, de taxi,
d'avion, de paquebot, de ba-
teau ou de train.

Nous pouvons partir en
voyage ou aller faire une
course.

Dans la rue, nous devons
marcher sur le trottoir, à
cause du trafic.

Les passagers savent que le
chauffeur doit partir à temps.

Les feux de signalisation di-
sent d'attendre, de s'arrêter
ou de continuer.

Regardez l'agent de police
avec son sifflet.

TRANSPÒ

Oto / Vwati

Otobis

Laliy / Taksi

Avyon

Gwo bato

Ti bato

Tren

Pati

Vwayaj

Ti deplase

Lari

Twotwa / Bò lari

Trafik

Pasaje

Chofè

Derape

Lè

Limyè trafik

Siy

Tann

Rete kanpe

Ale

Gade

Polisye

Siflèt

TRANSPORTATION

TRANSPORT

Car	Voiture
Bus	Autobus
Taxi	Taxi
Plane	Avion
Ship	Paquebot
Boat	Bateau
Train	Train
Leave / Travel	Partir / Voyager
Trip	Voyage
Ride	Course
Street	Rue
Sidewalk	Trottoir
Traffic	Trafic
Passenger	Passager
Driver	Chauffeur
Leave / Depart	Laisser / Partir
Time	Heure / Temps
Traffic lights	Feux de signalisation
Sign	Signal
Wait	Attendre
Stop	S'arrêter
Go	Aller
Look	Regarder
Police officer	Agent de police
Whistle	Sifflet

Pou n di sa n vle	*Sentence Builders*	*Pour former des phrases*
SA W APRANN	SELF-TEST	RÉVISION

Kouman w di?

Otobis   _____   _____

Trafik   _____   _____

Pasaje   _____   _____

Polisye   _____   _____

Avyon   _____   _____

How do you say?

_____   Driver   _____

_____   Trip   _____

_____   Sign   _____

_____   Sidewalk   _____

_____   Whistle   _____

Comment dire ?

_____   _____   Bateau

_____   _____   Regarder

_____   _____   Voiture

_____   _____   Train

_____   _____   Taxi

7

LEKÒL

SCHOOL

ÉCOLE

LEKÒL

Nan lekòl gen elèv,
pwofesè, ak direktè.

Papa ak manman responsab
pou voye eskiz lè pitit yo
rete lakay.

Nan lekòl gen kreyon, pa-
pye, sizo, gòm, règ, kaye,
liv, tablo ak lakre.

Apre egzamen, kanè a di ki
nòt elèv yo fè.

Elèv kontan lè yo chanje
klas.

Nan lekòl, klòch sonnen
pou rekreasyon, pou manje
midi, ak pou ale nan klas.

Elèv renmen lè pwofesè
mennen yo pwonmennen ak
zanmi lekòl yo.

SCHOOL

In school there are students,
teachers, and principals.

Parents should send an excuse
when their child stays home.

In school there are pencils, paper,
scissors, erasers, notebooks,
books, blackboard and chalk.

After the tests, the Report Card
shows the grades obtained

Students are happy when they
move to the next grade.

The bell rings for recess, lunch,
and when it is time to go to the
classroom.

Students like to go on field trips
with their teacher and classmates.

ÉCOLE

A l'école, il y a élèves,
professeurs et directeurs.

Les parents doivent soumettre
une note d'excuse quand leur
enfant reste à la maison.

A l'école il y a crayons, papier,
ciseaux, gommes à effacer,
cahiers, livres, tableau et craie.

Après les examens, le carnet
scolaire indique les notes
obtenues.

Les élèves sont heureux
lorsqu'ils changent de classe.

La cloche sonne pour la
récréation, le déjeuner et
l'entrée en classe.

Les élèves aiment les sorties
scolaires avec le professeur et
les camarades de classe.

LEKÒL

Pwofesè

Direktè

Elèv

Papa ak manman

Eskiz

Kreyon

Papye

Sizo

Gòm

Règ

Kaye

Liv

Tablo

Lakre

Egzamen

Kanè

Pwen

Klas

Klòch

Sonnen

Rekreasyon

Manje midi

Klas

Pwonmennen

Zanmi lekòl

SCHOOL

ÉCOLE

Teacher	Professeur
Principal	Directeur
Student / Pupil	Elève
Parent	Parent
Excuse	Excuse
Pencil	Crayon
Paper	Papier
Scissors	Ciseaux
Eraser	Gomme à effacer
Ruler	Règle
Notebook	Cahier
Book	Livre
Blackboard	Tableau
Chalk	Craie
Test	Examen
Report Card	Bulletin scolaire
Grade	Note
Grade	Classe
Bell	Cloche
Ring	Sonner
Recess	Récréation
Lunch	Déjeuner
Classroom	Salle (de classe)
Field trip	Sortie scolaire
Classmate	Camarade (de classe)

Pou n di sa n vle	*Sentence Builders*	*Pour former des phrases*
SA W APRANN	**SELF-TEST**	**RÉVISION**

Kouman w di?

Papye _____ _____

Elèv _____ _____

Liv _____ _____

Règ _____ _____

Lakre _____ _____

How do you say?

_____ Excuse _____

_____ Bell _____

_____ Principal _____

_____ Scissors _____

_____ Test _____

Comment dire ?

_____ _____ Sortie scolaire

_____ _____ Crayon

_____ _____ Sonner

_____ _____ Tableau

_____ _____ Professeur

NAN TRAVAY

AT WORK

AU TRAVAIL

NAN TRAVAY

Nan biwo gen tab, chèz, ak tele-fòn.

Lòt anplwaye la tou, ansanm ak sipèvizè oswa mèt kote a.

Nan anpil djòb gen travay, konje, vakans ak jou fèt.

Fòk ou rapòte ki jou w la, ak jou ou pa la, pou yo kapab peye w.

Èske travay la bay asirans pou sante ak pou lavi?

Kijan yo bay djòb, epi poukisa yo revoke anplwaye?

Èske yo peye w byen?

Kilè y ap mete sou lajan w, epi kilè y ap ba ou yon pi gwo djòb?

AT WORK

In an office, there are tables, chairs, and telephones.

Co-workers are there too, as well as the supervisor, or the owner.

Many jobs offer leave, vacation, and holidays.

You must report the days when you are present and absent, in order to get paid.

Does the job provide health and life insurance?

How do they hire, and why do they fire?

Do they pay you well?

When will you get a raise and a promotion?

AU TRAVAIL

Dans un bureau, il y a tables, chaises et téléphones.

Les collègues y sont aussi, de même que le superviseur ou le propriétaire.

Beaucoup d'emplois offrent congés, vacances et jours fériés.

Il faut déclarer les jours où on est présent et absent, afin d'être payé.

Au travail, y a-t-il l'assurance santé et l'assurance vie ?

Comment embauchent-ils, et pourquoi révoquent-ils ?

Avez-vous un bon salaire ?

Quand aurez-vous une augmentation et une promotion ?

NAN TRAVAY

Biwo
Tab
Chèz
Telefòn
Lòt anplwaye
Sipèvizè
Mèt
Djòb
Travay
Konje
Vakans
Jou Fèt
Rapòte
Jou
La
Pa la
Peye
Asirans
Sante
Lavi
Bay djòb
Revoke
Sa w touche
Mete sou lajan
Gen pi gwo djòb

AT WORK

Office / Desk	Bureau
Table	Table
Chair	Chaise
Telephone	Téléphone
Co-workers	Collègues
Supervisor	Superviseur
Owner	Propriétaire
Job	Emploi
Work	Travail
Leave	Congé
Vacation	Vacances
Holiday	Jour férié
Report	Déclarer
Day	Jour
Present	Présent
Absent	Absent
Pay	Payer
Insurance	Assurance
Health	Santé
Life	Vie
Hire	Embaucher
Fire	Révoquer
Pay / Wage / Salary	Paie / Salaire
Raise	Augmentation
Promotion	Promotion

AU TRAVAIL

Pou n di sa n vle	*Sentence Builders*	*Pour former des phrases*
SA W APRANN	SELF-TEST	RÉVISION

Kouman w di?

Travay _____ _____

Jou fèt _____ _____

Peye _____ _____

Asirans _____ _____

Bay djòb _____ _____

How do you say?

_____ Vacation _____

_____ Present _____

_____ Chair _____

_____ Life _____

_____ Fire _____

Comment dire ?

_____ _____ Absent

_____ _____ Emploi

_____ _____ Superviseur

_____ _____ Payer

_____ _____ Téléphone

9

FÈ KOMISYON

RUN ERRANDS

FAIRE DES COURSES

FÈ KOMISYON

Moun achte manje ak rad nan makèt ak nan magazen.

Lè l al achte, li sèvi avèk kach, ak chèck, oswa ak kredi.

Si w bay moun ki nan kès la lajan, li kapab remèt ou monnen.

Bagay ou achte yo kapab chè, bon mache, oswa nan likidasyon.

Kòm mwen se pratik mwen kapab mande pri bagay sa a.

Pran resi anvan ou mete kado a nan sache.

M ale lapòs pou m achte tenm epi espedye lèt ak pake.

RUN ERRANDS

People buy food and clothes in supermarkets and in stores.

When he goes shopping, he uses cash, check, or credit.

If you give money to the cashier, she may give you change back.

Items may be expensive, inexpensive, or on sale.

As a customer, I can ask for the price of this item.

Take a receipt before putting the gift in the bag.

I go to the Post Office to buy stamps, and mail letters and packages.

LES COURSES

On achète la nourriture et les vêtements au supermarché ou au magasin.

Quand il va faire des achats, il se sert de cash, de chèque ou de crédit.

Si vous donnez de l'argent à la caissière, elle vous rendra peut-être de la monnaie.

Les articles peuvent coûter cher, être bon marché ou en solde.

Comme client, je peux demander le prix de cet article.

Prenez un reçu avant de mettre le cadeau dans le sachet.

Je vais à la poste pour acheter des timbres, et expédier des lettres et des paquets.

FÈ KOMISYON

Achte

Manje

Rad

Makèt

Magazen

Al / Ale achte

Kach

Chèk

Kredi

Moun ki nan kès

Lajan

Monnen

Chè

Bon mache

Likidasyon

Pratik / Kliyan

Pri

Resi

Kado

Sache

Lapòs

Tenm

Espedye

Lèt

Pake

RUN ERRANDS

LES COURSES

Buy	Acheter
Food	Nourriture
Clothes	Vêtements
Supermarket	Supermarché
Store	Magasin
Shop	Faire des achats
Cash	Cash
Check	Chèque
Credit	Credit
Cashier	Caissière / Caissier
Money	Argent
Change	Monnaie
Expensive	Cher
Inexpensive / Cheap	Bon marché
Sale / Clearance	Solde / Liquidation
Client / Customer	Client
Price	Prix
Receipt	Reçu
Gift	Cadeau
Bag	Sac / Sachet
Post Office	Bureau postal
Stamp	Timbre
Mail	Expédier par la poste
Letter	Lettre
Package	Paquet

Pou n di sa n vle	Sentence Builders	*Pour former des phrases*
SA W APRANN	**SELF-TEST**	**RÉVISION**

Kouman w di?

Manje   _____   _____

Sache   _____   _____

Chè   _____   _____

Pri   _____   _____

Makèt   _____   _____

How do you say?

_____   Receipt   _____

_____   Shop   _____

_____   Credit   _____

_____   Cashier   _____

_____   Change   _____

Comment dire ?

_____   _____   Client

_____   _____   Cadeau

_____   _____   Vêtements

_____   _____   Magasin

_____   _____   Acheter

10

KA IJANS / GWO KA

EMERGENCIES

CAS D'URGENCE

KA IJANS / GWO KA

Dife ! Rele ponpye ! lalam sonnen.

Li fè kriz kè. Tansyon l te wo.

Maladi a fè l endispoze.

Li se viktim nan yon aksidan.

Anmwe ! Rele doktè ak anbi-
lans !

Yo pral fè l operasyon. Ka l grav.

Enfimyè a bay malad la randevou
nan klinik.

Avèk preskripsyon sa a, mwen
kapab achte medikan an nan fama-
si a.

Fè rejim ou pou w kapab refè epi
santi w byen.

EMERGENCIES

Fire! Call the fire department!
The alarm is on!

She has a heart attack. Her
blood pressure was high.

The illness made him faint.

She is the victim of an accident.

Help! Call the doctor and the
ambulance!

He is going to have surgery.
The situation is serious.

The nurse gave the patient an
appointment to the clinic.

With that prescription, I can
buy the medicine at the
drugstore.

Follow your diet to get better
and feel well.

CAS D'URGENCE

Au feu ! Appelez les pompiers !
L'alarme sonne.

Elle a une crise cardiaque. Elle
souffrait d'hypertension.

La maladie lui a fait perdre con-
naissance.

Elle est victime d'un accident.

Au secours ! Appelez le docteur et
l'ambulance !

On va l'opérer. La situation est
grave.

L'infirmière a donné au malade un
rendez-vous à la clinique.

Avec cette ordonnance, je peux
acheter le médicament à la phar-
macie.

Suivez votre régime pour vous
remettre et bien vous porter.

KA IJANS / GWO KA

Dife

Ponpye

Lalam

Kriz kè

Tansyon

Maladi

Endispoze

Viktim

Aksidan

Lopital

Anmwe!

Doktè

Anbilans

Operasyon

Grav

Enfimyè

Malad

Randevou

Klinik

Preskipsyon

Medikaman

Famasi

Rejim

Refè

Byen

EMERGENCIES

CAS D'URGENCE

Fire	Feu / Incendie
Firefighter/(s) Fire department	Pompier / Service d'incendie
Alarm	Alarme
Stroke	Crise Cardiaque / Accident vasculaire
Blood Pressure (high)	Hypertension
Illness	Maladie
Faint	Évanoui
Victim	Victime
Accident	Accident
Hospital	Hôpital
Help!	Au secours !
Doctor	Médecin
Ambulance	Ambulance
Surgery	Chirurgie
Serious	Grave
Nurse	Infirmière
Patient	Patient / Malade
Appointment	Rendez-vous
Clinic	Clinique
Prescription	Prescription / Ordonnance
Medicine	Médicament
Drugstore / Pharmacy	Pharmacie
Diet	Diète / Régime
Get Well	Se remettre
Well	Bien

Pou n di sa n vle	*Sentence Builders*	*Pour former des phrases*
SA W APRANN	SELF-TEST	RÉVISION

Kouman w di?

Lopital _____ _____

Grav _____ _____

Anmwe! _____ _____

Doktè _____ _____

Dife _____ _____

How do you say?

_____ Nurse _____

_____ Stroke _____

_____ Surgery _____

_____ Firefighter _____

_____ Ambulance _____

Comment dire ?

_____ _____ Régime

_____ _____ Alarme

_____ _____ Patient

_____ _____ Clinique

_____ _____ Évanouir

11

REKREYASYON

RECREATION

RÉCRÉATION

REKREYASYON

Anpil moun renmen ale nan piknik owa nan fèt.

Gen lòt moun ki pito li, ekri, fè penti, gade televizyon, oswa ale nan sinema.

Ou kapab rete andedan oswa ale deyò, ale nan mize oswa nan foutbòl.

Moun kapab wè flè, plant, ak pye bwa nan jaden ak nan pak.

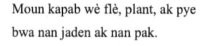

Kapab genyen tou yon ti pak pou timoun jwe.

Yo kapab menn pote pwòp jwèt pa yo.

Èske w renmen kouri, naje, fè egzèsis, jwe nan pyès teyat, chante oswa danse?

RECREATION

Many people like to go on
picnics or to parties.

Others prefer to read, write,
paint, watch television, or go
to the movies.

You can stay indoors or go
outdoors, go to a museum or
to a soccer game.

People can see flowers, plants,
and trees, in gardens and parks.

There may also be a play-
ground for children.

They can even bring their
own toys.

Do you like to run, swim,
exercice, act in plays, sing or
danse?

RÉCRÉATION

Beaucoup de gens aiment aller
en pique-nique ou à la fête.

D'autres préfèrent lire, écrire, re-
garder la télévision ou aller au
cinéma.

Vou pouvez rester à l'intérieur ou
aller au dehors, aller à un musée
ou à un match de football.

On peut voir des fleurs, des
plantes et des arbres dans les
jardins et dans les parcs.

Il peut aussi y avoir un parc d'en-
fants.

Ils peuvent même apporter leurs
propres jouets.

Aimez-vous courir, nager, faire
des exercices, jouer au théâtre,
chanter ou danser ?

REKREYASYON

Piknik

Fèt

Li

Ekri

Penn

Televizyon

Sinema

Andedan

Deyò

Mize

Foutbòl

Flè

Plant / Plante

Pye bwa

Jaden

Pak

Pak pou ti moun jwe

Jwèt

Kouri

Naje

Fè egzèsis

Jwe teyat

Pyès teyat

Chante

Danse

RECREATION

RÉCRÉATION

Picnic	Pique-nique
Party	Fête
Read	Lire
Write	Écrire
Paint	Peindre
Television	Télévision
Movie	Cinéma
Indoors	A l'intérieur
Outdoors	Au dehors
Museum	Musée
Soccer	Football
Flower	Fleur
Plant	Plante / Planter
Tree	Arbre
Garden	Jardin
Park	Parc
Playground	Parc d'enfants
Toy	Jouet
Run	Courir
Swim	Nager
Exercise	Faire des exercises
Act	Jouer
Play	Pièce
Sing	Chanter
Dance	Danse / Danser

Pou n di sa n vle	*Sentence Builders*	*Pour former des phrases*
SA W APRANN	SELF-TEST	RÉVISION

Kouman w di?

Foutbòl   _____   _____

Jaden   _____   _____

Danse   _____   _____

Flè   _____   _____

Pak   _____   _____

How do you say?

_____   Plant   _____

_____   Sing   _____

_____   Write   _____

_____   Run   _____

_____   Museum   _____

Comment dire ?

_____   _____   Nager

_____   _____   Au dehors

_____   _____   Jouet

_____   _____   Fête

_____   Cinéma

12

LÒT ENFÒMASYON

OTHER INFORMATION

INFORMATIONS COMPLÉMENTAIRES

Koulè	Colors	Couleurs
Ble	Blue	Bleu
Wouj	Red	Rouge
Jòn	Yellow	Jaune
Vèt	Green	Vert
Wòz	Pink	Rose
Oranj	Orange	Orange
Nwa	Black	Noir
Blan	White	Blanc
Mawon	Brown	Marron
Vyolèt	Purple	Violet
Dore	Gold	Or
Ajante	Silver	Argent

Chif		Numbers	Nombres
1	Youn	One	Un
2	De	Two	Deux
3	Twa	Three	Trois
4	Kat	Four	Quatre
5	Senk	Five	Cinq
6	Sis	Six	Six
7	Sèt	Seven	Sept
8	Wit	Eight	Huit
9	Nèf	Nine	Neuf
10	Dis	Ten	Dix

Mwa nan ane	*Months of the Year*	*Mois de l'année*
Janvye	January	Janvier
Fevrye	February	Février
Mas	March	Mars
Avril	April	Avril
Me	May	Mai
Jen	June	Juin
Jiye	July	Juillet
Out	August	Août
Septanm	Spetember	Septembre
Oktòb	October	Octobre
Novanm	November	Novembre
Desanm	December	Décembre

Jou Lasemenn	*Days of the Week*	*Jours de la semaine*
Dimanch	Sunday	Dimanche
Lendi	Monday	Lundi
Madi	Tuesday	Mardi
Mèkredi	Wednesday	Mercredi
Jedi	'l'hursday	Jeudi
Vandredi	Friday	Vendredi
Samdi	Saturday	Samedi

PUBLISHING

CPSIA information can be obtained
at www.ICGtesting.com
Printed in the USA
BVHW011402230722
642857BV00014B/1190

9 781953 852939